이끼야
도시도 구해 줘!

와이즈만 환경과학 그림책은 우리 환경, 푸른 지구를 지켜 나가는 길을 함께 찾아가는 시리즈입니다.

와이즈만 환경과학 그림책 ⑮
이끼야, 도시도 구해 줘!

초판 1쇄 발행 | 2019년 12월 30일
초판 6쇄 발행 | 2024년 3월 11일

강경아 글 | 한병호 그림 | 와이즈만 영재교육연구소 감수
발행처 | 와이즈만 BOOKs
발행인 | 염만숙
출판사업본부장 | 김현정
편집 | 원선희 양다운 이지웅
디자인 | 권승희
마케팅 | 강윤현 백미영 장하라

출판등록 | 1998년 7월 23일 제1998-000170
제조국 | 대한민국
사용 연령 | 5세 이상
주소 | 서울특별시 서초구 남부순환로 2219 나노빌딩 5층
전화 | 마케팅 02-2033-8987 편집 02-2033-8928
팩스 | 02-3474-1411
전자우편 | books@askwhy.co.kr
홈페이지 | mindalive.co.kr

저작권자 ⓒ 2019 강경아 한병호
이 책의 저작권은 강경아 한병호에게 있습니다.
저자와 출판사의 허락 없이 내용의 일부를 인용하거나 발췌하는 것을 금합니다.

잘못된 책은 구입처에서 바꿔 드립니다.

이 도서의 국립중앙도서관 출판시도서목록(CIP)은 서지정보유통지원시스템 홈페이지(http://seoji.nl.go.kr)와
국가자료공동목록시스템(http://www.nl.go.kr/kolisnet)에서 이용하실 수 있습니다.(CIP제어번호: CIP2019034762)

• 와이즈만 BOOKs는 (주)창의와탐구의 출판 브랜드입니다.

이끼야 도시도 구해 줘!

강경아 글 | 한병호 그림 | 와이즈만 영재교육연구소 감수

이끼는 숲의 그늘진 곳에서 살고 있었어.

와이즈만 BOOKs

어느 날 숲 입구에 트럭이 줄지어 들어왔어.
트럭에서 내린 사람들은 나무를 베기 시작했지.
그늘이 사라진 땅은 햇볕에 바짝 마르고
흙먼지가 풀풀 날렸어.
이끼가 살던 곳이 하루아침에 사라져 버렸어.
이끼는 이곳에서 떠나야 했어.

달팽이가 아침 이슬을 마시러 나왔다가
눈을 끔벅였어.
어제까지 놀던 숲속 놀이터가 보이지 않았거든.

앗! 놀이터가 어디로 갔지?

달팽이의 놀이터가 바로 이끼가 살던 곳이었어.
이끼는 주변의 습기를 머금으면 제 몸보다 엄청 커져.
그러면 숲은 두툼한 초록 양탄자를 깔아놓은 듯했어.
달팽이와 친구들은 이끼 위에서 신나게 놀곤 했지.

달팽이는 휑해진 놀이터 자리를 빙빙 돌다가
물을 마시러 개울로 갔어.
하지만 개울물은 맑아 보이지 않았어.
달팽이는 고개를 갸웃하며 개울물을 마셨다가 도로 뱉어 냈어.

물맛이 왜 이래? 냄새도 나고 이상해졌네.

개울 속에 있던 이끼가
물속의 해롭고 더러운 것들을 걸러
맑은 물로 바꿔 주었는데.

숲 저쪽에서 노루 두 마리가 캑캑거리며 달려왔어.
도로 위를 지나는 차들이 내뿜는 매운 연기가
곧바로 숲으로 들어왔어.
달팽이도 아까부터 기침이 나고, 목이 턱턱 막혔어.

공기도 달라졌어.

고속도로 주변을 떠다니는 자동차 매연은 정말 해로워.
이끼가 매연을 빨아들여 공기를 깨끗하게 걸러 주는데
도로 옆의 이끼들은 매연 때문에
갈색으로 변하거나 제 몸에 흰 반점이 생겨.
공기가 아주 안 좋다는 뜻이지.

나무 아래에서는 진드기들이 난리가 났어.
식량 창고와 살던 곳이 사라져 버렸거든.
그 틈에 거미는 맨땅에 드러난 진드기를 손쉽게 낚아챘지.

어, 어디갔지!?

이끼가 만든 부식토에서
작은 나무도 자라고
커다란 나무도 쑥쑥 자라 울창한 숲이 되었지.
또 이끼는 진드기나 톡토기 같은 작은 곤충부터
커다란 순록, 겨울잠에서 깨어난 곰에게도 좋은 먹이가 되었단다.

달팽이는 머리 위로 낮게 날아가는 물까마귀 때문에 놀라 움찔했어.
물까마귀는 계곡 주변에 둥지를 틀고 사는 텃새야.
지금은 뭔가를 열심히 찾고 있는 것 같아.
달팽이는 물까마귀가 얼른 지나가길 기다렸어.

그런데 무엇을 찾아다니는 거지?

물까마귀는 이끼를 찾는 거야.
이끼는 새들이 둥지를 만드는 데
좋은 재료가 되거든.
둥지에 듬성듬성 틈이 있으면
알을 안전하게 품을 수 없어서
둥지의 작은 틈을 부드럽고 푹신푹신한
이끼로 메우려는 거야.

달팽이는 물까마귀를 신경 쓰느라
하마터면 곰한테 밟힐 뻔했어.
곰은 절뚝거리며 걸어왔어.

그래! 아픈 곰이 주변을 둘레둘레 살피며 이끼를 찾고 있어.
이끼는 상처 치료에도 쓰이니까.
이끼에 있는 페놀릭 성분이 피를 멈추게 하고
상처를 덧나지 않게 해 주거든.

달팽이는 그늘을 찾아 거기서 꼼짝도 안 했어.
그런데도 등껍질이 말라가는 거야.
달팽이는 더 깊은 그늘을 찾느라 허둥댔어.
이대로 가면 등껍질이 쪼개지고 말 테니까.

이끼는 숲을 이루는 나무들의
밑둥, 줄기를 둘러싸고 자라기도 하는데
이건 나무를 해롭게 하는 게 아니야.
나무껍질이 마르는 걸 막아 주고
나무가 산소를 내뿜어서
숲을 쾌적한 환경으로 만들도록 돕는 거였어.

그늘도 소용없네. 숲이 바짝 말랐어.

달팽이는 점점 작아지는 그늘 안에서
곰곰 생각했어.

'나무도, 풀도, 개울물도 그대로고,
동물들도, 곤충들도 다 그대로인데,
대체 달라진 것이 무엇일까?'

뭐가 변했나?

나무도 아니고 풀도 아니지만
나무에도 있고 땅에도 있고
개울에도 있던 것!
숲을 초록색으로 만들어 주던 것!
달팽이는 문득 머릿속이 환해지는 걸 느꼈어.
"이끼가 사라진 숲이 엉망진창이 되고 있는 거야!"

바로 이끼였어!

달팽이는 숲 깊숙이 있는
습지를 향해 길을 떠났어.
이끼가 거기 있다는 얘기를
바람이 전해 주었거든.
곧 가파른 언덕과 험한 길도 쉬지 않고 갔어.
달팽이는 힘들 때마다
먼 곳으로 떠난 이끼를 떠올렸어.

이끼는 포자라고 하는 홀씨를 가지고 있어.
홀씨는 대부분 초록빛을 띤 공 모양으로
바람을 따라 날아가 살 곳에 자리를 잡아.
적절한 때에 더 높이, 더 멀리,
여러 번에 걸쳐서 날아가지.
그래야 많이 살아남는다는 걸 알고 있거든.

습지가 얼마 남지 않았을 때야.
하늘이 어두워지더니 비가 내리기 시작했어.
처음엔 약하게 내리던 비가 점차 거세졌어.
쏴아아아!

큰일났네! 흙이 쓸려 내려가잖아?

땅을 단단하게 잡아 줄 나무뿌리나 이끼가 있다면 좋을 텐데.
이끼의 헛뿌리는 끈끈이 발처럼 땅을 꽉 붙잡고 있어서
흙이 이리저리 밀리는 걸 막아 준단다.
하지만 지금은 산사태가 날 것 같아.

결국 달팽이 눈앞으로 흙더미가 확 덮쳤어.

아아아악!!

시간이 얼마나 지났을까.
달팽이가 정신을 차리고 보니
비는 멈추고 주변이 조용했어.
달팽이는 머리를 내밀고 주위를 두리번거렸지.
흙더미와 작은 나무와 풀 들이 주변에 뒤엉켜 있었어.
그동안 큰 비에도 끄떡없던 숲이 망가진 걸 보자
달팽이는 기가 막혔어.

어리둥절해 있는 달팽이 앞에 이끼가 있었어.
달팽이는 반가움에 눈물이 핑 돌았어.
"이끼야, 나랑 있던 곳으로 돌아가자. 응?
우리 숲속 친구들을 위해 다시 돌아와 줘!"
이끼는 달팽이를 보니 숲속의 예전 모습이 떠올랐어.

이끼는 결심했어.
다시 숲속의 초록 놀이터가 되기로 말이야.
시간이 좀 걸리겠지만 달팽이랑 함께 만들어 보려고 해.
숲속에서 등껍질에 이끼를 얹고 가는 달팽이를 보면
반갑게 인사해 줄래?
이끼와 달팽이는 숲을 다시 살려 보려고
열심히 가는 중이거든.

이끼야, 우리가 사는 도시도 구해 줘!

이끼, 누구니 넌?

작지만 어디에나 있어서 흔히 볼 수 있는 이끼가
그동안 지구를 지켜왔어요.

이끼란?

이끼는 선태식물에 속하며 엽록체를 가지고 있어 햇빛을 보며 광합성을 할 수 있는 녹색식물이랍니다. 전 세계에 약 2만 3천여 종이나 돼요. 이끼는 지구 표면의 약 6% 정도 자라고 있으며 오랜 세월 끈질기게 살아남았어요. 이끼는 우주에서도 살아남을 정도로 생명력이 강해요.

이끼의 특성

이끼는 꽃이 피지 않고 뿌리와 줄기, 잎의 구별이 뚜렷하지 않아요. 뿌리는 헛뿌리로 몸을 지지하는 역할을 하고, 관다발도 발달되지 않아 물과 영양분을 온몸으로 흡수해요. 대부분의 이끼는 1~10센티미터 정도로 작아요.

이끼가 사는 곳

이끼는 그늘지고 서늘하며 습한 곳을 좋아해요. 돌담이나 그늘지고 축축한 마당, 습기 많은 숲속 그리고 계곡의 바위나 늪의 가장자리, 물 속 등 다른 식물이 뿌리 내리기 힘든 물가에서도 이끼는 잘 자라요. 이끼는 높은 산, 덥고 비가 많은 곳이나 기온 낮고 습한 지역에도 있고 심지어 눈으로 덮인 극지방에도 살아요.

이끼의 모습 _ 우산이끼

우산이끼도 줄기는 초록색이고 뿌리는 하얀색이에요. 우산이끼는 우산 모양으로 생겼는데 줄기와 잎이 구별되지 않아요. 암그루는 갈라진 우산 모양이고 수그루는 뒤집어진 우산 모양으로 생겼답니다.

이끼의 모습 _ 솔이끼

솔이끼의 줄기는 초록색이고 뿌리는 하얀색이에요. 솔이끼는 솔잎 모양으로 생겼는데 줄기와 잎이 구별된답니다. 솔이끼의 암그루는 긴 대롱 끝에 주머니가 있고 수그루는 줄기와 잎만 있어요.

환경지표종, 이끼

이끼는 인간이 살아가기 힘든 환경에서도 살아남아 다양한 쓰임새를 갖고 있어요.

생태계의 터전이자 초식동물의 먹이

이끼는 흙에서도 먼저 나타나 다른 생물이 살 수 있는 터전을 만들어 주는 역할을 해요. 이끼가 흙과 함께 섞인 부식토 덕분에 식물들이 뿌리 내릴 수 있고 작은 동물에게는 안식처와 영양분을 주어요.

환경지표종 이끼

이끼는 대기 오염과 가뭄과 같은 외부 스트레스에 민감하게 반응하기 때문에 환경지표종으로서 활용 가치가 높아요. 환경오염이 심각해지면 이끼는 조금 늦게 자라거나 성장을 멈춰 위험을 알리고 1~4주가 지나면 말라 죽어 환경오염의 심각성을 알려줍니다. 특히, 툰드라 지역에 넓게 퍼져 있는 이끼 군락은 지구의 온실가스를 가둬 두는 저장고 역할을 해요.

지구의 산소 공급기

미국 국립 과학원의 연구에 따르면, 약 4억 6천만 년 전쯤에 이끼가 생겨나 지구에 산소를 뿜어내기 시작했대요. 그 양이 현재 지구의 산소량의 30% 이상이라니 이끼는 생태계가 유지되는 데 중요한 역할을 한 거예요.

빗물 저장

이끼는 자기 몸무게의 5배 정도의 물을 몸에 가둬둘 수 있답니다. 큰비가 내릴 때 이끼는 빗물을 저장해 홍수로 흙이 한꺼번에 쓸려 내려가는 침식을 막아 줍니다. 이끼의 흡수력 때문에 툰드라에 사는 원주민 네네츠 족은 이끼로 아기 기저귀를 만들어 쓰기도 했어요.

이끼가 붕대나 약으로도 쓰인다고?

생수태라는 이끼는 상처를 감싸는 붕대를 만드는 데 이용됐고, 제1차 세계대전 동안 이탄이끼를 피를 멈추기 위한 외과치료용으로 사용했어요. 중국에서는 식물기름과 섞어 습진이나 베인 상처, 화상 등을 치료하는 데 이용했어요. .

이끼야, 도시도 구해 줘!

도시는 공해와 건물 사이의 열기로 답답함을 줍니다.
도시의 환경 문제를 해결할 답이 이끼에게 있다는데 무엇일까요?

소리, 열 잡는 옥상정원

건물 옥상에 이끼를 깔면 외부의 시끄러운 소리를 줄이고 외부 열을 막는 기능을 해요. 실제 이끼 벽돌을 사용하여 실험한 결과 실내 온도를 0.4~0.9도를 낮춥니다. 그만큼 실내 에너지를 줄일 수 있어요.

공기 청정기

실내 정원을 만들 때 이끼를 사용하거나 화분 위에 이끼를 얹으면 흙을 마르지 않게 해요. 실내 습도 조절과 함께 공기 정화에도 도움을 준답니다. 그 밖에도 귀한 버섯이나 인삼을 이끼로 감싸면 싱싱하게 보존할 수 있어요.

도시 오염 측정하는 이끼

일본 후쿠이 현립대학의 연구 결과, 대기 중의 질소 오염을 이끼가 잡는다고 해요. 또 2016년에는 미국 산림청에서 이끼를 활용해 대기 중의 카드뮴을 탐지하는 기술이 나오기도 했어요. 다른 식물에 비해 비교적 뿌리가 짧고 약한 이끼가 대기 중의 수증기와 영양분을 힘껏 빨아들일 때 대기 화합물도 함께 저장된다고 해요.

나무 수십 그루 효과 내는 이끼 벽

가로 세로 1~2미터의 벽에 이끼를 심어 설치하는 것으로, 이끼 벽 하나의 효과가 나무 수십 그루와 같다는 연구 결과가 있어요. 사물 인터넷을 결합해 만든 친환경 이끼 벽은 연간 최대 240톤의 미세먼지, 산화질소물, 이산화탄소를 공기 중에서 걸러낼 수 있어요. 이끼는 부피에 비해 효과가 크기 때문에 나무가 없는 도시 건물 벽면에 설치하면 효율적으로 공기를 정화할 수 있어요.

미래식량 이끼

이끼는 미래의 식량 부족에 대비한 유용한 영양소가 될 수 있어요. 16킬로그램 정도의 이끼는 네 가족 기준으로 1년간 먹을 수 있는 식량이 되며, 영양소는 감자보다 3배 이상 높은 비타민과 무기질 등이 들어 있다고 해요.

도시 열섬 잡는 천연 에어컨

이끼는 도시 열섬 현상에도 효과를 발휘해요. 공원 산책길 양 옆으로 이끼를 깔면 땅에서 올라오는 열과 공기 중의 열을 낮춰서 사람들이 쾌적함을 느끼게 해 줘요.

작가의 말
도시는 이끼가 필요해요

사람의 발길이 드문 자연의 모습을 본 적이 있어요.
깊은 산과 계곡, 그 사이로 난 길…….
잔뜩 우거진 수풀과 온통 이끼로 뒤덮인 땅은
마치 초록 융단을 펼쳐놓은 듯했어요.
바라만 보고 있어도 마음의 안정을 주는 것 같았지요.
꼭 숲까지 나가지 않아도 우리 주변에 이끼가 있었어요.
도심에 있는 작은 공원, 늘 걸어 다니는 길,
심지어 베란다에 있는 화분에도 있는데 무심코 지나쳤을 뿐이죠.
높은 빌딩, 자동차들로 꽉 찬 도로, 도시에 사는 사람들도
이끼를 본 적이 있을 거예요.
하지만 사람들은 도시의 깔끔함을 해친다는 이유로
이끼가 보이기 무섭게 없애 버리지요.
왠지 축축한 곳, 으스스한 그늘을 좋아하는 이끼에 대한
부정적인 생각도 있을 수 있고요. 저도 처음엔 그랬거든요.
그러다 우연히 환경주의자 레이첼 카슨의 책
〈자연, 그 경이로움에 대하여〉에서 이끼를 보게 되었어요.
그 후, 내가 알게 된 이끼의 쓸모는 정말 대단한 것들이었어요.

그래서 어린이들에게도 이끼의 엄청난 쓸모를 알려주고 싶었지요.
땅바닥이나 나무기둥, 돌담 벽까지 아무렇게나 자리 잡은 이끼는
그냥 자라는 게 아니었어요.
겉옷을 입기 전에 맨 처음 입는 속옷이
우리 몸의 체온 조절과 쾌적함을 유지하듯
이끼는 땅의 맨바닥에서 환경 조절 능력을 발휘하고 있었던 거예요.
지구에서는 갈수록 온난화 때문에 계절에 맞지 않는
태풍, 폭우, 가뭄 등 재해가 일어나고 있어요.
사람들은 위기를 느끼며 에너지 절약 등 여러 방법들을 찾아
노력하고 있지요.
그 중 사람들이 건물 옥상이나 건물 벽에 붙여놓은 이끼 패널,
이끼 정원은 도시의 열기를 식히고 공기를 정화하며
그만큼 에너지를 절약할 수 있게 도움을 주지요.
이 책을 읽은 어린이들도 환경을 생각할 때
이끼의 쓸모를 떠올려 주었으면 해요.

강경아

글 강경아

아이들을 키우면서 환경을 좀 더 깊이 바라보게 되었어요.
더불어 사는 세상, 함께 사는 세상을 꿈꾸며 글을 쓰고 있어요.
지은 책으로는 《1억 년 전 공룡오줌이 빗물로 내려요》, 《빛공해, 생태계 친구들이 위험해요!》,
《거북이를 맛있게 먹는 방법》, 《까불이 1학년》, 《음치 평숙이 소리꾼 되다》 등이 있습니다.

그림 한병호

추계예술대학에서 동양화를 공부했습니다.
《도깨비와 범벅 장수》로 한국출판문화상을, 《새가 되고 싶어》로
브라티슬라바 일러스트레이션 비엔날레 황금사자상을 받았습니다.
그린 책으로는 《여우와 두루미》, 《간질간질》, 《시튼 동물기》, 《할아버지의 약속》,
《수달이 오던 날》 등이 있습니다.

자연에 대한 감수성을 키워 주는

와이즈만 환경과학 그림책 시리즈

01 우주 쓰레기
고나영 글 | 김은경 그림 | 김해동 추천 | 와이즈만 영재교육연구소 감수 | 60쪽

02 똥장군 토룡이 실종 사건
권혜정 글 | 소노수정 그림 | 와이즈만 영재교육연구소 감수 | 80쪽

03 누가 숲을 사라지게 했을까?
임선아 글·그림 | 와이즈만 영재교육연구소 감수 | 56쪽

04 명품 가방 속으로 악어들이 사라졌어
유다정 글 | 민경미 그림 | 와이즈만 영재교육연구소 감수 | 48쪽

05 1억 년 전 공룡 오줌이 빗물로 내려요
강경아 글 | 안녕달 그림 | 와이즈만 영재교육연구소 감수 | 58쪽

06 푸른 숲을 누가 만들었나?
유다정 글 | 민경미 그림 | 와이즈만 영재교육연구소 감수 | 40쪽

07 장군바위 콧수염
김고운매 글 | 이해정 그림 | 와이즈만 영재교육연구소 감수 | 60쪽

08 닥터 홀의 싱크홀 연구소
최영희 글 | 이경국 그림 | 와이즈만 영재교육연구소 감수 | 48쪽

09 꿀벌들아, 돌아와!
홍민정 글 | 이경석 그림 | 와이즈만 영재교육연구소 감수 | 48쪽

10 빛공해, 생태계 친구들이 위험해요!
강경아 글 | 김우선 그림 | 와이즈만 영재교육연구소 감수 | 44쪽

11 돼지도 누릴 권리가 있어
백은영 글 | 남궁정희 그림 | 와이즈만 영재교육연구소 감수 | 44쪽

12 전기가 나오는 축구공
서지원 글 | 오승민 그림 | 48쪽

13 시끌시끌 소음공해 이제 그만!
정연숙 글 | 최민오 그림 | (사)한국소음진동공학회 감수 | 56쪽

14 고래를 삼킨 바다 쓰레기
유다정 글 | 이광익 그림 | 동아시아 바다공동체 오션 이종명 감수 | 48쪽

15 이끼야 도시도 구해 줘!
강경아 글 | 한병호 그림 | 와이즈만 영재교육연구소 감수 | 48쪽